¿Qué fuentes debo usar?

Fragmentar el problema

Rachael Morlock

COMPUTACIÓN CIENTÍFICA EN EL MUNDO REAL™

Rosen Classroom™

Publicado en 2018 por The Rosen Publishing Group, Inc. 29 East 21st Street, New York, NY 10010

Autora: Rachael Morlock
Traductor: Alberto Jiménez
Directora editorial, español: Nathalie Beullens-Maoui
Editora, español: María Cristina Brusca
Editora, inglés: Caitie McAneney
Diseño del libro: Jennifer Ryder-Talbot

Todas las ilustraciones por Contentra Technologies

Library of Congress Cataloging-in-Publication Data

Names: Morlock, Rachael.
Title: ¿Qué fuentes debo usar?: Fragmentar el problema / Rachael Morlock.
Description: New York: Rosen Classroom, 2018. | Series: Niños digitales: Superdotados con pensamiento computacional / Computación científica en el mundo real | Includes glossary and index.
Identifiers: LCCN ISBN 9781538358047 (pbk.) | ISBN 9781538328996 (library bound) | ISBN 9781538358054 (6-pack) | ISBN 9781538358061 (ebook)
Subjects: LCSH: Report writing--Juvenile literature.Research--Juvenile literature.
Classification: LCC LB1047.3 M667 2018 | DDC 808.02--dc23

Créditos fotográficos: Cubierta, ESB Professional/Shutterstock.com; p. 5 OLI SCARFF/ AFP/Getty Images; p. 6 Tyler Olson/Shutterstock.com; p. 8-9 Sergey Nivens/ Shutterstock.com; p. 11 Rolf_52/Shutterstock.com; p. 12 wavebreakmedia/ Shutterstock.com; p. 15 Jens_Lambert_Photography/Thinkstock.com; p. 17 https:// en.wikipedia.org/wiki/Anglo-Saxon_Chronicle; p. 18-19 gvictoria/Shutterstock.com; p. 21 RPBaiao/Shutterstock.com.

Fabricado en Estados Unidos de América

Información de cumplimiento CPSIA Lote #WS18RC: Si desea más información póngase en contacto con Rosen Publishing, New York, New York, teléf. 1-800-237-9932

Contenido

Estudiar los vikingos

Los vikingos eran un pueblo antiguo conocido por sus grandes viajes y exploraciones. Procedían de los países escandinavos de Suecia, Noruega y Dinamarca. Algunos se quedaron en su tierra natal para establecer granjas y pueblos y comerciar con bienes; otros fueron exploradores que navegaron alrededor del mundo. De hecho, ¡los vikingos llegaron a América del Norte 500 años antes que Cristóbal Colón!

Los vikingos dieron forma a la historia de muchos países fuera de Escandinavia. Sus naves fuertes y rápidas los llevaron a lugares remotos, donde intercambiaron o robaron bienes, lucharon por la tierra y construyeron sus propios asentamientos. Tuvieron influencia en muchos países. ¿Cómo era ser un vikingo? ¡Si te interesa, **investígalo**!

Algunas personas **recrean** el pasado y se visten como los vikingos. Investigan para saber cómo vivían los vikingos, qué aspecto tenían y cómo actuaban.

La mayoría de las bibliotecas tienen tanto fuentes impresas como acceso a Internet para fuentes en línea. ¡Puedes pedirle a un bibliotecario que te ayude!

¡Fragmentarlo!

Imagina que tienes que escribir un trabajo de investigación o completar un proyecto sobre los vikingos. Investigar es una tarea grande e intimidante. Sin embargo, puedes dividirla en pasos más pequeños y sencillos. ¿Qué pasos puedes seguir?

El primero es establecer metas. ¿Qué tipo de información esperas encontrar? ¿Hay algún tema específico que te interese? Puedes centrarte en una parte de la vida de los vikingos, como lo que vestían, lo que comían o cómo construían casas. A continuación, puedes intercambiar ideas sobre lugares para buscar información. Hay muchas fuentes que usar. Divide tu investigación mirando primero fuentes impresas; luego, fuentes en línea y, por último, fuentes primarias.

Fuentes impresas

Las primeras fuentes que debes consultar son las impresas. Las bibliotecas tienen muchas fuentes impresas de información, como libros de texto, libros, revistas y periódicos. Si la información se ha publicado en uno de estos formatos, es probable que esté bien investigada y sea verídica.

Las fuentes de la biblioteca están organizadas por tema y tipo. Es posible que debas consultar más de una sección para encontrar toda la información que necesitas.

Incluso cuando encuentres información en un libro o artículo, existe la posibilidad de que no esté actualizada y ya no sea correcta. Los **historiadores** siguen estudiando, descubriendo y encontrando nuevas formas de entender el pasado. Conviene mirar el año en que se publicó una fuente impresa. En un libro, la fecha de publicación debe aparecer en las primeras páginas. También puedes comparar información entre fuentes para verificar los hechos que encuentres.

Libros sobre los vikingos

La época vikinga tuvo lugar del siglo IX al XI. Constituye un capítulo importante de la historia del mundo, y se han escrito muchos libros y artículos al respecto. La sección de historia de la biblioteca es un buen lugar para comenzar la investigación. Artículos sobre recientes descubrimientos también se pueden encontrar en revistas y periódicos.

Los vikingos no escribieron libros, pero contaban historias sobre personas y sucesos importantes. Estas historias se transmitían **oralmente** de generación en generación. Cuando la época vikinga estaba terminando, las leyendas corrían peligro de ser olvidadas, así que algunas se escribieron. Se las conoce como *sagas*. Las sagas son largas historias de aventuras heroicas, más fantásticas que reales.

Los vikingos a veces anotaban nombres e información esculpiendo runas, o símbolos, en piedras. Esta piedra del siglo IX fue hecha por los vikingos en lo que hoy es Suecia.

A diferencia de las fuentes impresas, las fuentes en línea no siempre están bien editadas, lo que significa que pueden contener más errores.

Fuentes en línea

El siguiente paso es mirar fuentes en línea. Internet es una herramienta de investigación importante. Sin embargo, debes tener cuidado de elegir solo sitios web **fiables**.

En línea hay muchos tipos de fuentes. El final de una dirección web puede ayudarte a decidir si un sitio es fiable y verídico. Cuando investigues, busca la información publicada por organizaciones oficiales. Los sitios web de una escuela o universidad finalizan en .edu; los de grupos gubernamentales terminan en .gov; los de organizaciones establecidas, a menudo, acaban en .org. Si no estás seguro de si un sitio es fiable, compáralo con otras fuentes.

¿Es fiable este sitio web?

Incluso con fuentes fiables, conviene comprobar hechos clave sobre el sitio web. ¿Cómo encontraste el sitio web? ¿Quién es el autor? ¿Por qué escribieron esto y para quién lo escribieron? ¿Cuándo fue escrito? ¿La página web presenta opiniones o hechos? Hacer estas preguntas te ayudará a evitar la información poco fiable.

El primer sitio web que encuentras no siempre es el más verídico. Por ejemplo, muchas personas creen que los vikingos llevaban cascos con cuernos. Si buscas en línea, los sitios populares pueden tener imágenes o descripciones de estos cascos. Sin embargo, los cascos con cuernos nunca se han encontrado entre los **artefactos** vikingos ni los mencionan quienes los conocieron. Verificar las fuentes evita errores comunes como este.

Este es el único casco vikingo encontrado en Escandinavia. La idea de que los vikingos llevaban cascos con cuernos parece ser un mito.

Fuentes primarias

El último paso de la investigación es encontrar fuentes primarias. Se llaman así porque proporcionan información de primera mano. Se crearon o usaron en algún punto exacto de la historia. Mirarlas te ayudará a imaginar cómo fue la vida en el pasado. Ofrecen **puntos de vista** e información especial de un personaje, una experiencia o un periodo históricos.

Fuentes primarias

- **escritas**
  - cartas
  - diarios
  - documentos
  - anuncios
  - periódicos
  - autobiografías
  - datos
- **grabaciones de sonido**
  - música
  - entrevistas
  - discursos
- **objetos**
  - ropa
  - herramientas
  - cerámica
  - lápidas
  - armas
- **imágenes**
  - fotografías
  - vídeos
  - obras de arte
  - mapas

Las fuentes primarias pueden ser escritas. Cartas, diarios, **autobiografías**, artículos de periódicos, anuncios, datos, documentos oficiales y recetas son ejemplos. Otras fuentes primarias incluyen mapas históricos, imágenes, vídeos, entrevistas, discursos o grabaciones de sonido. Los objetos también pueden ser fuentes primarias. Ropa, objetos artísticos, herramientas, armas u otros artefactos hechos o usados en cierto momento o por ciertas personas son fuentes primarias.

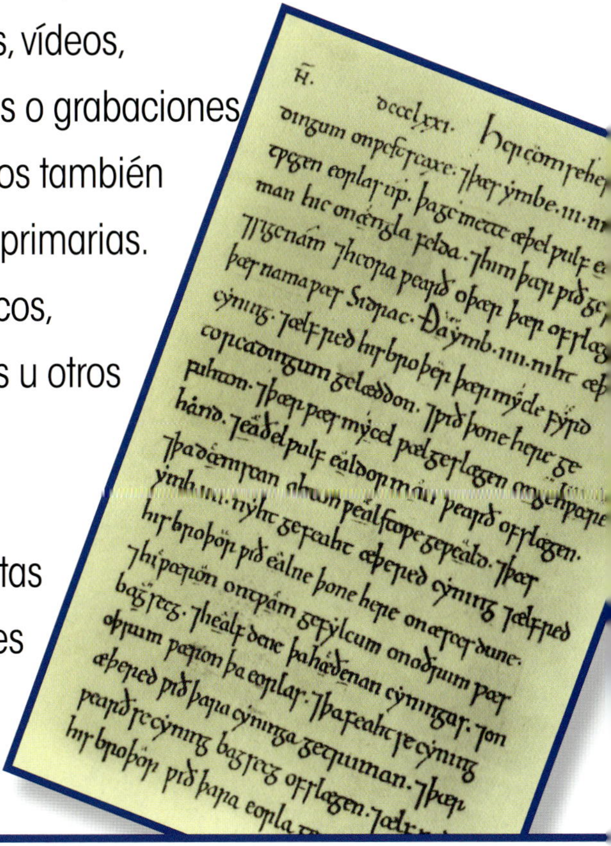

La ***Crónica anglosajona*** **es un ejemplo de fuente primaria. Proporciona una narración de sucesos de la historia inglesa y describe una incursión vikinga del año 793.**

Artefactos

Muchas fuentes primarias de los vikingos son objetos. Estos objetos generalmente se consideran artefactos. Los **arqueólogos** se han encargado de descubrir los artefactos vikingos. Al buscar en sitios históricos, han encontrado herramientas, joyas y armas que les pertenecieron. Los artículos cotidianos como la ropa, los peines, las ollas de barro, los restos de comida y la basura les hablan sobre la forma en que los vikingos vivían, se vestían, trabajaban y comían.

Los vikingos solían poner a sus muertos ilustres en barcos que enterraban en montículos de tierra. Llenaban las naves con objetos que, en su opinión, ayudarían a los muertos en su siguiente etapa. Estos incluían joyas, cerámica, armas de guerra, comida y animales. Podemos aprender mucho sobre los vikingos a partir de los objetos que usaron y enterraron.

Arqueólogos de Dinamarca buscan artefactos históricos e información sobre gente del pasado.

Algunos barcos vikingos enterrados han sido descubiertos por arqueólogos y luego reconstruidos. ¡Podemos ver cómo era una verdadera nave vikinga!

¡Los vikingos de cerca!

¿Dónde encontrar fuentes primarias? Podemos ver artefactos en los museos. Si estás investigando un tema, una visita a un museo local puede ser una forma fascinante de ver objetos históricos de cerca. También puedes consultar los sitios web de los museos para obtener información. Muchos museos publican imágenes y datos sobre los artefactos de su colección. ¡Puedes verlos en línea, incluso si están en otro país!

En los museos, hay también otras fuentes primarias. Se han **reproducido** y **traducido** muchas fuentes primarias escritas. Si bien es posible que no estés mirando el documento original, aún puedes leer el texto. Los sitios web de museos, bibliotecas y **archivos** te ayudarán a encontrar documentos importantes.

Usar la investigación

Asegúrate de tomar notas mientras investigas. Así tendrás toda la información que necesitas para comenzar a escribir tu trabajo de investigación o para organizar tu proyecto. La investigación puede ser una tarea muy grande. Hacer un plan de investigación te ayudará a dividir la tarea en pasos más pequeños, como elegir un tema y encontrar fuentes escritas, fuentes en línea y fuentes primarias. Cada paso es simple.

¡Investigar es divertido y emocionante! Puedes elegir un tema como los vikingos y aprender todo sobre él. Basta con que dividas tu investigación en pasos y que busques diferentes tipos de fuentes para recopilar información fiable. ¡Después, podrás compartir tus nuevos conocimientos con otros!

Glosario

archivo: Lugar donde se almacenan datos.

arqueólogo: Persona que estudia el pasado a través de fósiles, monumentos y herramientas de las gentes antiguas.

artefacto: Algo hecho por los humanos en el pasado.

autobiografía: Libro escrito por alguien sobre su propia vida.

fiable: Digno de confianza.

historiador: Especialista en historia.

investigar: Estudiar a fondo para encontrar cosas nuevas.

oral: Expresado con la palabra, en lugar de escrito.

punto de vista: Forma de mirar algo o de pensar en algo.

recrear: Representar sucesos del pasado, a menudo por diversión.

reproducir: Imitar o copiar algo.

traducir: Expresar en una lengua lo que ha sido dicho o escrito en otra.

Índice